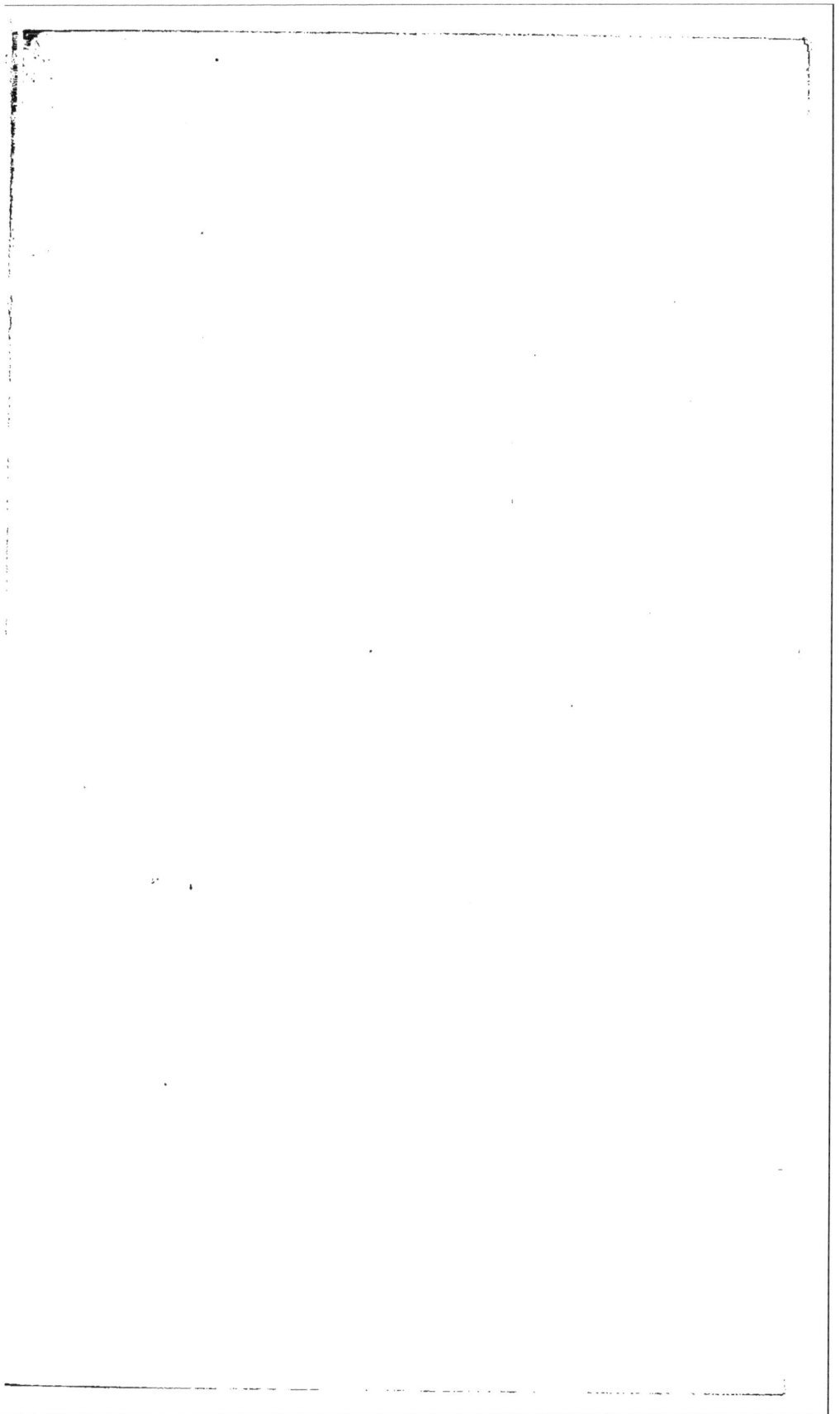

ILS
11 9bre

SOUVENIRS

DU

COMBAT DE CACHY

Episode de la bataille de Villers-Bretonneux

(27 NOVEMBRE 1870)

ACCOMPAGNÉS D'UNE CARTE ET DE LA LISTE DES MORTS

Par J. JOUANCOUX

14555

« Non hoc præcipuum munus est
« prosequi Defunctum ignavo questu,
« sed meminisse. » (Tacite).

Prix : 40 Centimes

*Dans les principales librairies d'Amiens et du département
de la Somme*

Typographie et Lithographie E. Magnier, 5, rue de Metz
1871

Une chose m'a toujours vivement frappé et profondément ému dans la cérémonie religieuse de la messe : c'est que l'Église catholique recommande, tous les dimanches, ses morts au souvenir des assistants.

« Frères, dit le prêtre, n'oublions pas ceux qui ne sont plus ; prions pour nos pères, mères, parents, amis et bienfaiteurs, pour ceux qui ont fondé cette église ou lui ont donné de leurs biens. »

L'Église a donc un vif sentiment, non-seulement des services rendus, mais encore du lien sacré et étroit qui unit le présent au passé, les générations actuelles aux générations éteintes.

La Patrie, elle aussi, est une église, une grande et sainte église ; mais elle n'a ni temples, ni prêtres, ni réunions auxquelles elle puisse rappeler ses morts obscurs ou illustres, ceux qui l'ont fondée, servie, défendue ou qui lui ont sacrifié le plus précieux des biens : la vie.

Le 27 novembre 1870, des hommes courageux ont combattu ici pour elle ; beaucoup d'entre eux ont versé leur sang et lui ont sacrifié leur vie. Je vois, de la fenêtre où j'écris, l'arbre près duquel est tombé, frappé à mort, leur héroïque commandant, et, de ma porte, celui à l'ombre duquel il repose avec les officiers et les soldats tombés, comme lui, au champ d'honneur. Fils d'un vieux soldat blessé sur les champs de bataille du premier Empire et prisonnier sur les pontons de Lisbonne, j'ai toujours éprouvé, pour les victimes de la guerre, une profonde pitié. Souvent donc, quand le silence est près de se faire sur les champs, je vais visiter les tombes de nos morts, au moment où les derniers rayons du soleil dorent les croix de bois qui les surmontent. Et chaque fois je me dis : « Les braves sont morts pour la Patrie... Mais qui se souviendra d'eux dans dix ans, dans vingt ans ? Qui viendra visiter ces tombes où ils reposent obscurément près d'un pauvre village perdu et ignoré ? »

En effet, l'époque actuelle est si distraite par les affaires, si occupée de ses intérêts matériels, si peu soucieuse de toute haute et grave pensée, qu'elle risque d'oublier les services rendus à la Patrie et jusqu'à ceux qui sont morts pour elle.

C'est pour empêcher cet injuste oubli que j'ai écrit ces pages ; un peu aussi, je l'avoue, pour glorifier l'héroïque effort de la Défense nationale, le courage des généraux et des officiers qui n'ont pas désespéré de la France, la résistance de ces jeunes armées improvisées qui ont réussi, sinon à triompher, du moins à forcer l'ennemi de respecter nos armes, et, après la capitulation de Metz, énigme toujours inexpliquée, après celle de Sedan qui restera, sans conteste, une honte inouïe, saùvé lè vieil honneur du nom français. (1)

J'ai eu de plus l'intention de perpétuer le souvenir du combat de Cachy, l'épisode le plus glorieux peut-être de la bataille du 27 novembre, et de payer aux hommes qui nous ont sauvés, ce jour-là, du pillage, un juste tribut de reconnaissance.

Qu'on ne cherche donc pas, à la publication de ces souvenirs, un autre motif que celui qui m'a décidé à les écrire : le double sentiment d'un devoir patriotique et d'une vive reconnaissance.

Je n'ajoute qu'un mot.

Le 43e de ligne, formé à Amiens, comptait dans ses rangs beaucoup d'enfants de la Somme et on reconnaîtra, sur la liste des morts, plus d'un nom picard.

C'est un intérêt de plus qui recommande ces *souvenirs* à mes concitoyens.

J. JOUANCOUX.

Cachy (par Villers-Bretonneux) le   août 1871.

NOTA.— Si j'ai commis quelque erreur, je prie de croire qu'elle est involontaire et que je recevrai avec plaisir toutes les rectifications et tous les renseignements qui pourront m'être adressés.

---

(1) « L'armée du Nord, dans les luttes qu'elle a soutenues,
« sans se laisser entamer, contre des forces supérieures, a
« puissamment contribué à rétablir et à maintenir l'honneur
« du drapeau.... Son histoire mérite donc quelque intérêt...
« (Faidherbe, *Campagne de l'Armée du Nord.*)

SOUVENIRS

DU

COMBAT DE CACHY

Episode de la bataille de Villers-Bretonneux

(27 NOVEMBRE 1870)

I

La bataille du 27 novembre 1870 s'est livrée
sur une ligne d'environ vingt-deux kilomètres d'é-
tendue, qui part ant de Villers-Bretonneux passe à
Cachy, à Gentelles, à Boves, à St-Fuscien pour finir
à Dury.

L'histoire aura de la peine à s'expliquer pourquoi
elle est dite *Bataille sous-Amiens*. En effet Villers,
point où se trouvaient surtout les forces françaises
où l'action fut plus vive qu'ailleurs, se trouve à
seize kilomètres d'Amiens, et Dury, qui est le point
le plus rapproché de cette ville, s'en trouve encore
à plus de quatre kilomètres. A cette dernière distance, il était difficle d'apercevoir même la pointe
de la lance d'un uhlan. Aussi nos paysans ont-ils
dit que les Prussiens ont battu Amiens sur le dos
des villages que je viens de nommer : les paysans
ne manquent pas de malice (1).

_____

(1) Après la *bataille* dite *sous-Amiens* il y eut un conseil
de guerre dont presque tous les membres furent d'avis qu'il
convenait de préparer la retraite. « Le générai Paulze d'Ivoy,
seul, écrit Faidherbe, parla de résister dans les retranche-
ments ébauchés autour de la ville. »

L'administration civile nous avait informés que les populations seraient prévenues de l'arrivée de l'ennemi : il avait fait plus de trente kilomètres dans le département de la Somme, occupé une grande partie du Santerre et se trouvait à trois lieues de nous que nous ne nous en doutions même pas.

L'incendie du Petit-Hangest et le canon de Mézières (24 novembre) nous annoncèrent seuls son approche.

En effet, dans la matinée du 24, eut lieu au nord de Mézières, aux environs de la Maison-Blanche située sur la route de Roye, un combat dans lequel l'avantage resta à nos armes.

Ce n'était, de la part des Prussiens, qu'une simple reconnaissance, comme celle qu'ils firent au bois de Querrieu deux jours avant la bataille de Pont-Noyelles.

Bientôt les éclaireurs ennemis parurent.

Le 25, des uhlans traversèrent Hargest en plein jours ; d'autres, vers le soir, allèrent rôder jusques près de Villers et le lendemain à Domart.

Le 26 eut lieu le combat de Gentelles.

Ce village était occupé par le 20ᵉ chasseurs qui avait laissé deux compagnies à Cachy. Le bataillon, bien que composé de jeunes gens dont la plupart n'avaient jamais tiré un coup de fusil, se comporta vaillamment, arrêta d'abord, puis repoussa l'ennemi. Quant à la compagnie du 43ᵉ venue de Villers, elle arriva fort tard et ne prit qu'une part insignifiante au combat dont l'honneur revient tout entier au 20ᵉ chasseurs. Le capitaine Roy me disait le soir : « Nos petits chasseurs vont bien ; ils se sont conduits comme des vieux de la vieille. »

Un jeune homme de Villers qui s'était approché trop près en curieux, reçut une balle dans le ventre et fut tué sur le coup : de Cachy on apercevait facilement le combat du côté de la route de Roye.

Quant aux chasseurs, il ne perdirent, m'a-t-on dit, qu'un clairon.

Le soir il y eut un mouvement de troupes.

Vers sept heures un uhlan traversa tout le village de Cachy, du midi au nord, passant à cinquante pas d'un factionnaire placé à la porte de l'école communale où se trouvait un poste...

Les forces ennemies s'avançaient.

Le dimanche 27 novembre, avant le point du jour, toute la vallée de la Luce était occupée (1) : Caix, Ignaucourt, Demuin, Hangart, Domart, Theines, Berteaucourt regorgeaient de Prussiens et de canons.

Quelques jours avant la bataille du 27, M. le

---

(1) Bien des gens se sont demandé pourquoi, après le combat de Mézières, l'armée française n'a pas occupé au nord de la vallée de la Luce, depuis Ignaucourt jusqu'à Berteaucourt, des positions semblables à celles que Faidherbe a prises à Daours, Pont-Noyelles, et Fréchencourt, au lieu d'attendre l'ennemi dans des plaines nues, dépourvues de tout accident de terrain, sans autre abri que trois villages : Villers, Cachy et Gentelles. On ne réfléchit pas qu'il aurait fallu pour cela 25,000 hommes, autant pour défendre Amiens au midi, de Bove à Dury, c'est-à-dire en tous 50,000, tandis que nous n'avions en tout que 25,000 hommes. La position prise par le général Farre est, par Faidherbe, déclarée *bonne* ; mais il aurait, là encore, fallu avoir 25,000 hommes, et *son étendue, trop grande pour nos forces, ne pouvait point être réduite.* (Voyez : *Campagne de l'Armée du Nord*, pages 15 et 16). On évalue à 6,000 environ le chiffre des troupes concentrées à Villers.

colonel Du Bessol, qui commandait les troupes concentrées à Villers-Bretonneux, était venu reconnaître
la plaine et les positions entre Marcelcave et Gentelles : c'était, je crois, le 21. Nous lui montrâmes,
le capitaine Roy et moi, l'incendie des deux maisons
du Petit-Hangest allumé par les Prussiens.

II

Le village de Cachy ne compte que 318 habitants.

Il a été occupé le 22, au soir, par un détachement
du bataillon du 43ᵉ de ligne qui se trouvait à Villers-
Bretonneux : ce détachement était commandé par
le capitaine Welen.

Il a été occupé les 24, 25 et 26 par deux compagnies du 20ᵉ bataillon de chasseurs commandés
par le capitaine Roy ; la nuit du 26 au 27 par une
compagnie du 33ᵉ de ligne et le dimanche matin
par un bataillon du 43ᵉ de ligne commandé par
M. Roslin.

Les chasseurs allèrent, le 24, prendre part au
combat de Mézières et le samedi à la fin de celui
de Gentelles.

III

Le 27, avant le jour, arriva une compagnie du
43ᵉ dont un détachement alla immédiatement faire
une reconnaissance au midi, d'abord dans la plaine,
ensuite dans une vallée fort accidentée et coupée
d'une multitude de chemins, reconnaissance rendue
très périlleuse par un brouillard épais, et qui, au
dire des soldats, fut conduite par un tout jeune
officier, M. Lagrenée, avec autant de prudence que
de sang froid. Le gros du bataillon arriva vers
huit heures et demie : son commandant, M. Roslin,

prit logement chez moi ; le chirurgien, M. Pingand, chez mon frère.

Vers dix heures, on signala les uhlans ; ils se promenaient à environ 1,200 mètres du village, du bois du Fleye au bois de Hangart, et sur le chemin de Villers à Domart, allant et venant sur la même ligne, à distances à peu près égales, mais sans s'arrêter jamais, raides et immobiles sur leurs grands chevaux impatients et dociles.

Quelques coups de feu leur furent tirés par des hommes de grand'garde, mais sans les atteindre, ni même les déranger de leur ligne d'observation. Je les montrais au docteur, qui, comme moi, les distinguait parfaitement à l'œil nu. « Nous n'aurons rien aujourd'hui, me répondit-il ; les Prussiens ne se battent pas le dimanche. » La vue si rapprochée des éclaireurs ennemis ne présentait pourtant rien de bien rassurant, même un dimanche, et je ne pouvais m'empêcher de me rappeler ce que m'avait dit la veille, en soupant, un lieutenant du 33e de ligne : « Demain, vous entendrez ronfler le canon ; dites bien aux habitants qu'ils seront mieux dans leurs caves que partout ailleurs. »

Les habitants, il faut le dire, ne s'attendaient pas à entendre sitôt ronfler le canon. Peu quittèrent le village pour se réfugier je ne sais où, battant en retraite avant de voir l'ennemi et le danger.... Plus tard seulement, quelques uns que la peur saisit quand les obus commencèrent à siffler et à allumer des incendies, furent assez effrayés pour s'enfuir à Daours et à Aubigny.... Ceux-là n'ont pu porter secours aux blessés ni à leurs voisins incendiés..... Mais ce furent des exceptions et on peut dire que bien peu de gens abandonnèrent le village.

Le commandant Roslin, en arrivant chez moi, examina sa carte que je trouvais bien incomplète, la mienne qui valait mieux et sur laquelle se voit encore le coup de crayon par lequel il a marqué lui-même la position dont il allait s'emparer. Je lui traçai à la hâte sur un carré de papier une esquisse grossière de carte, indiquant seulement l'emplacement du bois de Domart, le bois de Hangart, Gentelles, les chemins, le bouquet qui reste du bois de Fléye, les pommiers et le tilleul près duquel il allait trouver la mort... Il avait l'ordre d'aller occuper un ravin ou plutôt une forte dépression de terrain qui, partant de Gentelles sur une grande étendue, se rétrécit ensuite beaucoup, forme une vallée sèche et profonde qui s'enfonce entre des côtes très-accidentées et finit par se confondre avec la vallée même de la Luce près de Domart. « Je vais, me disait Roslin, occuper cette position, rejeter les Prussiens sur le bois de Hangart, où une batterie française les mitraillera à son aise. » Et il ajoutait en s'adressant à ma femme : « Soyez tranquille, madame, et ne craignez rien : je les arrangerai, comme il faut, ces coquins-là. »

De dix à onze heures, pendant que les officiers déjeunaient et que les soldats préparaient leur soupe chez l'habitant, quelques coups de fusil retentirent vers la route de Roye, au midi, à deux bons kilomètres de Cachy : c'étaient les grand'gardes du 20° chasseurs qui tiraillaient avec les reconnaissances prussiennes venant de Domart et de Thennes. A onze heures et demie, la fusillade semblait indiquer un véritable engagement ; je fis prévenir le commandant, et, quelques instants après, le bataillon fut sous les armes.

Il était temps : la fusillade augmentait d'intensité et se rapprochait sensiblement.

Une grande partie du bataillon attendait, devant ma porte, son chef qui prenait ses armes, examinait son revolver, jetait un regard sur ma carte, me demandait quelques renseignements sur la direction de la fusillade, me serrait la main et partait. Je lui indiquai quatre pommiers dans la direction desquels il devait s'avancer pour arriver à ce qu'il appelait le ravin, et la colonne sortit du village en bon ordre et pleine d'espoir et d'ardeur. Je vois encore ces braves jeunes gens partir au combat : beaucoup chantaient le sublime refrain : « Allons, enfants de la Patrie », et parfois la voix d'un officier se mêlait à celle des soldats.... Ce bataillon-là avait une âme : il l'a montré ici et plus tard à Pont-Noyelles, à Bapaume et à St Quentin.

Le commandant Roslin, laissant au coin du village une compagnie en réserve derrière une meule de paille, mit pied à terre, déploya sa ligne de tirailleurs au midi vers le ravin, à l'ouest vers Gentelles, resta lui-même au centre, entre les pommiers et le tilleul et étendit sa gauche à l'est jusqu'au-delà du chemin de fer de Domart.

Je ne veux pas continuer ce récit sans signaler un fait que j'ai vu de mes propres yeux.

La compagnie de réserve s'abritait soigneusement derrière la meule. S'imaginerait-on ce que faisait l'officier qui la commandait pendant que les balles sifflaient et tombaient comme la grêle autour de lui et de ses soldats ? Il se promenait tranquillement les mains dans les poches, en avant de la meule, examinait le champ de bataille, attendant son tour de marcher au feu.... Cet officier avait logé chez moi le mardi soir, je le connaissais bien : c'était un échappé de Metz, le capitaine Welen. De quoi ne sont pas capables des soldats auxquels leurs chefs donnent de pareils exemples de sang-froid et de mépris du danger ?

Il devait être alors à peu près midi.

Le versant du ravin opposé à Cachy était depuis longtemps occupé par les Prussiens qui nous attendaient en ordre de bataille. Le petit bouquet qui reste du bois du Fleye se trouvait aussi occupé : il devait même abriter des tireurs habiles chargés, d'après ce que m'a dit un sergent français, de viser nos officiers. Ils avaient de l'infanterie dans le bois de Hangart et au midi du vieux chemin. Une batterie d'artillerie avait été par eux placée entre le bouquet du Fleye et le bois de Hangart, d'abord au coin de ce bois, puis plus près de l'angle et ensuite dans la pointe de l'angle que forment les chemins de Cachy et de Villers à Domart ; une autre se trouvait sur le terrain qu'occupait jadis le bois de Domart, aujourd'hui presqu'entièrement défriché. Les feux de ces batteries pouvaient soit battre la plaine dans toute son étendue, soit converger sur le village de Cachy, et, au besoin, se tourner la seconde vers Gentelles, la première vers Villers (1).

Les cadres du bataillon du 43e étaient solides,

(1) Aucune batterie prussienne ne s'est établie plus *près du village*, ni au début, ni au milieu, ni à la fin de l'action. Du coin du bois à Cachy, il y a environ 1500 mètres.

formés d'officiers jeunes, énergiques et dont dix sur
treize étaient des échappés de Metz. Aussi pas un
homme ne broncha quand le feu commença, et il
devint tout de suite très-vif de part et d'autre. Vers
midi et demi, le canon se mit de la partie: je croyais
entendre la batterie française dont M. Roslin m'avait
parlé et qui devait, du bois de Hangart, foudroyer
les Prussiens. Je fus vite détrompé quand j'entendis
des obus passer au-dessus de la maison avec un
sifflement sinistre.... Des balles perdues brisaient
les vitres de mes fenêtres... Une grêle d'obus
s'abattait sur le village, sur la plaine et jusque sur
le moulin qui en porte encore les traces.... La
fusillade retentissait sur toute la ligne, intense,
incessante, comparable, au dire un peu trop exagéré
d'un vieux sergent, à celle qu'il avait entendue à
Gravelotte.

Bientôt arrivèrent des blessés.

Le premier officier blessé qui nous vint était celui
qui le premier avait engagé l'action avec l'ennemi
vers le bois de Domart, le lieutenant Lemaître,
atteint d'une balle qui lui avait traversé la fesse et
les parties génitales : il ne quitta le terrain que quand
il ne put plus se tenir debout. Obligé de revenir, il
se fit remplacer par son sous-lieutenant Jouvairaux;
celui-ci nous arrivait moins d'une heure après : une
balle lui avait traversé la poitrine d'outre en outre.
Au centre, le commandant Roslin avait entraîné
ses hommes fort loin, toujours lui-même en première
ligne et faisant parfois le coup de feu. Deux balles
l'atteignirent en même temps, l'une à la tête, l'autre
au cœur : il tomba. Des soldats voulurent le relever.

« C'est inutile, mes enfants, je suis perdu, leur dit-

il ; laissez-moi mourir.» Et il resta étendu à cinquante mètres au midi du tilleul... A la gauche,
sur le chemin de Domart, les soldats, entraînés
aussi par un jeune officier, M. Lagrenée, voulaient
s'élancer à la baïonnette sur la batterie prussienne
qui écrasait d'obus la plaine et le village. Plusieurs
décharges parties du bouquet de bois de Fleye les
continrent à la hauteur d'un tilleul qui touche le
chemin de Domart ; l'officier dont je viens de parler
nous arriva bientôt le bras labouré par une balle,
le képi percé d'une autre balle : c'était le troisième
officier blessé que nous recevions. Deux autres,
Roslin et Blain, avaient succombé dès le début de
l'action. Trois autres, quoique blessés, restèrent au
feu : c'étaient les capitaines Welen et Pincherelle
et le sous-lieutenant D'Anglas. J'ai vu le premier
rentrer un instant dans le village et en sortir quinze
minutes après. Le second vint le soir serrer la main
à ses camarades blessés : il avait une blessure à la
jambe et sa capote présentait trois ou quatre trous
de balles... On m'a rapporté qu'il a été tué à la
bataille de St-Quentin.

Cependant le canon grondait toujours (I).

La fusillade pétillait dans toute la plaine.

Malgré la perte de plusieurs officiers, les blessures
et l'absence des autres, le 43° tenait ferme et
maintenait sa ligne de bataille, ne reculant jamais
que pour avancer ensuite.

Ce n'était pas assez de la guerre et de la mort :

(I) Un de mes parents a compté dans sa pièce de terre,
située au chemin de Domart, treize trous d'obus dans un
demi-journal. On a calculé que les Prussiens ont tiré 1,000
à 1,200 coups de canon tant sur la troupe que sur le village.

il nous fallait, pour comble de malheur, un autre fléau : l'incendie. Une lueur sinistre fut aperçue d'abord du côté de Hangart, au bout du village, puis une autre tout près de l'église, puis une autre sur la place, et enfin deux autres non loin de là : les obus Prussiens avaient mis le feu à cinq granges importantes qui brûlaient avec tout ce qu'elles contenaient.... Je n'oublierai jamais ces moments terribles. Autour de nous, des blessés encombrant toutes nos chambres, étendus les uns sur des lits, les autres sur les parquets recouverts de paille : des plaintes, des cris de douleur, des plaies affreuses, du sang, des balles perdues brisant nos vitres ; des obus sifflant au-dessus de la maison ; au dehors, dans la plaine, derrière les haies et jusque dans la cour, la fusillade ; dans le village, des tourbillons de flammes et de fumée, et, en perspective, l'arrivée de l'ennemi en fureur, l'invasion, le pillage, le meurtre.... Un moment, vers trois heures, quand le capitaine Welen rentra dans le village, je crus que nous étions vaincus : nous avions été un instant refoulés et j'avais vu des chasseurs du 20ᵉ bataillon battre en retraite jusqu'au nord de l'argilière : la fusillade s'entendait entre Gentelles, Cachy et le moulin, où le 1ᵉʳ bataillon des mobiles du Nord se conduisit bravement et arrêta les Prussiens vers le midi du chemin de Gentelles ; mais ce fut l'affaire d'un moment, et le 43ᵉ, grâce au patriotisme des soldats qui le composaient, grâce surtout à la bravoure de ses officiers qui firent noblement leur devoir, revint bientôt à la charge et refoula les Prussiens.

C'est ainsi que sept cents hommes, sans artillerie, sans abri, dans une plaine nue et sous une grêle d'obus, tinrent ferme contre un ennemi bien supérieur en nombre et pourvu d'une artillerie dont on connaît trop bien le formidable effet.

Vers trois heures, une compagnie environ du 91e de ligne arriva du bois l'Abbé à Cachy, quand elle sut qu'il n'était pas occupé par l'ennemi, traversa rapidement le village et alla prendre part au combat du côté du chemin de Hangard et de Domart. Son arrivée fit grand bien et maintint de ce côté l'ennemi en respect.

Honneur à ces braves du 91e !

Un bataillon de je ne sais quels mobiles arriva bien aussi et même avant trois heures, à l'ouest du village, mais n'alla pas sur le champ de bataille : il se contenta de rester derrière notre maison, s'agita sur les bords de l'Argilière, s'y réfugia en partie et tirailla un peu au hasard dans la direction de Gentelles. Ce bataillon avait-il l'ordre de rester en réserve ? Cela serait possible et j'aimerais à pouvoir le penser. Le fait est qu'il se trouvait à peu près à l'abri de tout danger, sauf peut-être des balles perdues, pendant qu'à deux minutes de là les soldats du 13e étaient épuisés, faute d'être un peu soutenus. Si ces mobiles n'aperçurent pas bien distinctement les casques prussiens, beaucoup d'entre eux, en allant et venant derrière la maison, virent parfaitement, à travers nos fenêtres, leurs malheureux camarades du 13e revenant ou rapportés blessés du champ de bataille. D'autres troupes encore, infanterie de ligne et mobiles, se trouvaient dans le bois l'Abbé, à moins de deux kilomètres ; les

soldats demandaient aux paysans qui s'y réfu-
giaient, si les Prussiens avaient occupé le village
de Cachy... Il y avait de l'artillerie française au
nord de ce bois, près de la route d'Amiens à Péronne,
à moins de trois kilomètres du champ de bataille :
elle pouvait en vingt minutes arriver au moulin, et,
dans une position magnifique, couvrir la plaine
d'obus depuis le bois de Hangard jusqu'à Gentelles :
peut-être les munitions lui manquaient-elles. Trois
cents gendarmes étaient à Blangy, à six kilomètres :
il leur fallait quarante minutes pour arriver...
L'immobilité de troupes placées si près du théâtre
de l'action paraît au moins singulière au premier
abord ; mais elle s'explique naturellement si l'on
songe que l'armée du Nord n'avait jamais vu le feu
et que le mauvais temps rendait la transmission et
l'exécution des ordres extrêmement difficiles. On
doit donc tenir compte des circonstances dans les-
quelles on se trouvait et ne pas imputer aux hommes
ce qui n'est que la faute des choses. Du reste,
Faidherbe ne commandait pas encore l'armée du
Nord qui n'avait et ne pouvait pas avoir alors cette
organisation, cette discipline, cette cohésion qu'il
sut lui donner en si peu de temps.

Quoiqu'il en soit, le 43e, soutenu fort tard (à
trois heures) par une compagnie du 91e du côté du
chemin de Demart et par des mobiles du 1er bataillon
du côté du Moulin, contint les Prussiens qui en-
trèrent un moment à Gentelles pour en être repous-
sés et bientôt à Villers pour n'en pas sortir (I).

(I) Il est certain qu'à Villers, à un moment donné, probable-
ment vers deux heures, les Prussiens se sont crus vaincus.
Beaucoup s'enfuirent en désordre du côté de Demuin et
surtout à Hangard où ils crénelèrent des murs et des
maisons.

Vers quatre heures, l'ennemi se retirait sur Domart (I).

Pendant que les troupes qui avaient combattu à Villers, battaient en retraite sur Corbie et Amiens, le 43° restait maître du champ de bataille, et, grâce à lui, le village de Cachy, seul peut-être de tous ceux où se livra la bataille du 27 novembre, fut sauvé de la honte de l'invasion et des horreurs du pillage. Quand la nuit fut venue, les grand'gardes s'établirent au midi et à l'ouest du village, à l'endroit même où on avait combattu : on leur porta des vivres et de la paille. Les soldats rentrèrent à leur logement pour prendre de la nourriture et ne partirent que vers huit heures et demie, après avoir reçu l'ordre de battre en retraite.

A ce moment-là, il n'y avait plus de blessés sur le champ de bataille : soixante étaient réunis chez mon frère et chez moi, une quinzaine dans trois ou quatre maisons du village. Les feux des bivouacs des grand'gardes furent très-utiles : certains blessés purent se traîner jusque-là, indiquèrent où s'en trouvaient d'autres qui ne pouvaient pas marcher et que leurs camarades s'empressaient d'aller relever pour les apporter à l'ambulance.

Le général Faidherbe accuse cinq officiers tués à la bataille de Pont-Noyelles.

Le surlendemain du combat de Cachy, deux officiers du 43° étaient conduits à leur dernière demeure où un troisième, le sous-lieutenant Jouvainroux, allait les rejoindre six jours après. Un

(1) Les Prussiens étaient furieux d'avoir rencontré une pareille résistance, et ce village eut beaucoup à souffrir ce soir-là.

sous-lieutenant du 20ᵉ chasseurs avait aussi été
trouvé mort près du chemin de Gentelles : il est
enterré près des officiers du 43ᵉ.

Qu'ajouter à cela ?

Et n'ai-je pas raison de dire que le combat de
Cachy doit être regardé comme l'épisode le plus
glorieux de la bataille du 27 novembre ?

La situation du village et des habitants, pendant
les quatre heures que dura le combat, fut quelque
chose d'affreux. Bien des gens eurent le bon sens
de se réfugier dans les caves : quelques-uns restèrent
dans leur maison. Je connais un vieillard qui se
blottit dans le coin de sa cheminée et n'en bougea
pas ; plus de deux cents balles frappèrent son toit,
ses portes, ses fenêtres ; un obus, pendant qu'il
était là, traversa la muraille, puis une armoire
pleine de linge et enfin l'autre muraille pour aller
éclater dans la cour.... A part les cinq incendies
qu'ils allumèrent, les obus causèrent des dommages
considérables aux maisons et aux bâtiments ruraux,
crevèrent des toits, des pignons, des portes, bri-
sèrent une multitude d'arbres de tout côté et dans
tous les quartiers du village : on en trouva, qui
n'avaient pas éclaté, jusque dans des granges.....
L'église fut fort maltraitée : elle en reçut une
douzaine dans son toit et dans ses murs ; deux ou
trois éclatèrent dans l'intérieur et endommagèrent
fortement le plafond, les fenêtres, jusqu'à la chaire
dont un éclat brisa un panneau (1). Les Christs de

(1) La Commune de Cachy n'a pas un centime de revenu
et son église a besoin de réparations. Si des personnes
pieuses et charitables veulent contribuer aux frais des répa-
tions dont cette église a besoin, elles peuvent adresser leur

deux croix placées, l'une au chemin de Domart l'autre sur une tombe dans le cimetière, eurent bras et jambes brisés : un médecin américain auquel je montrai ces particularités, voulut avoir un membre comme souvenir du combat. Je cherchai plusieurs fois, mais en vain, près de la croix du cimetière : c'est un de mes amis de Villers qui, plus d'un mois après, retrouva une jambe à quatre pas de la croix... On voyait, au midi surtout, les traces des balles dans les haies : les arbres en étaient criblés. Partout, dans la plaine, à deux cents mètres au nord et à l'ouest aussi bien qu'au midi du village, dans tous les jardins et jusque dans certaines cours, des trous d'obus... Il en éclata plusieurs dans les maisons : une femme fut grièvement blessée à la cuisse. Lorsque le lendemain, à 9 heures du soir, il nous arriva 1,500 Prussiens à loger, je montrais aux officiers les granges que le feu achevait de consumer. « La guerre! me disaient-ils ; malheur pour vous, malheur pour nous. » Et c'était pour nous en effet un bien grand malheur ; car les pertes et dommages dépassaient de beaucoup 40,000 fr.

IV

Tel fut le combat de Cachy.

Le général Faidherbe, dans son livre *La Campagne de l'armée du Nord* (page 18), écrit ce qui suit : « Le village de Cachy avait été occupé en « partie par les Prussiens, malgré *l'héroïque résis-* « *tance* du bataillon du 43e chargé de le défendre

offrande soit à M. le curé Harleux, à Gentelles, soit à moi, à Cachy, soit à l'Évêché, à M. l'abbé Morel, grand vicaire, à qui j'ai exposé la situation il y a plus de trois mois.

« et qui avait dû évacuer cette *position très vigou-*
« *reusement attaquée.* Son *commandant avait été*
« *tué* et *sept officiers mis hors de combat.* Le général
« en chef fit reprendre l'offensive par la ligne de
« tirailleurs qui bordait le bois de Villers, par le
« 20ᵉ bataillon de chasseurs et le 9ᵉ bataillon de
« mobiles. Ces troupes prirent le pas de course et
« reprirent vivement le village. »

Faidherbe ne commandait pas l'armée du Nord
le 27 novembre, et, s'il publie une autre édition de
son livre, l'illustre général fera bien, dans l'intérêt
de la vérité, de rectifier le passage cité qui n'indique,
du reste, ni l'heure de la prise, ni celle de la reprise
du village.

L'hommage rendu à *l'héroïque résistance du bataillon du* 43ᵉ a été bien mérité. Il est exact de dire
que *la position a été très vigoureusement attaquée*
et je suis bien persuadé que le général a donné
l'ordre de *reprendre l'offensive.* Mais le village n'a
point été occupé même *en partie* par les Prussiens
qui n'en ont jamais pu approcher même à la distance
de 500 mètres, ni du côté de Hangard, ni du côté
de Domart, ni du côté de Gentelles, les seuls côtés
menacés. Les soldats qui étaient dans le bois l'Abbé
et celui de Villers ont pu le croire et le dire ; l'incendie qui s'est déclaré de bonne heure a même dû
le faire supposer. Mais, je le répète, il n'y a eu ni
évacuation française, ni occupation prussienne,
puisque pas un Prussien n'a dépassé de cent mètres
l'extrême ligne qui, sur la carte, indique la position
prise par le 43ᵉ au début du combat. Des chasseurs
du 20ᵉ bataillon, vers deux heures et demie, ont
bien battu en retraite de Gentelles sur Cachy, entre

le village et le moulin, mais n'ont ni repris ni eu à reprendre ce village. Quant au 9e bataillon, il n'arriva qu'un peu avant trois heures, absolument comme la compagnie du 91e de ligne qui, elle, fit vaillamment son devoir. Une partie d'un bataillon de mobiles placés près du moulin rendit un grand service à la même heure : ces braves jeunes gens tinrent les Prussiens en respect au midi du chemin de Gentelles et permirent ainsi aux chasseurs et au 43e de reprendre l'offensive : c'était, si je ne me trompe, le 1er bataillon des mobiles du Nord qui a laissé, près du moulin, plusieurs morts et enlevé tous ses blessés, excepté un seul qui a été recueilli le lendemain près du bois et amputé de la jambe trois semaines après.

Ces observations montrent que la position ayant été *très vigoureusement attaquée* et que le village *n'ayant point été occupé*, la *résistance du bataillon du 43e*, secouru, seulement vers trois heures, a été vraiment *héroïque* (1).

Encore un mot.

Le commandant Roslin ne fut pas le seul officier tué ; le sous-lieutenant Blain trouva aussi sur le champ de bataille, une mort glorieuse.

---

(1) On n'apprendra pas sans intérêt que le 43e qui a héroïquement combattu ici, n'a pas faibli devant les communards de Paris, et que, malgré leurs menaces, il est parti du Luxembourg avec armes, bagages et une batterie d'artillerie pour aller rejoindre l'armée de Versailles. Le capitaine Jallu qui a déposé dernièrement devant le 3e conseil de guerre comme témoin de la tentative d'embauchage faite par Lullier, est un des officiers qui assistaient au combat de Cachy : c'est lui qui, le soir, a réuni le bataillon et ensuite dirigé la retraite.

V

Quand le canon a cessé de gronder et la fusillade de pétiller, tout n'est pas fini.

Restent les morts à enterrer, les blessés à soigner : devoirs tristes, mais sacrés.

L'historique du combat de Cachy ne serait donc pas complet, si je ne parlais pas de l'ambulance établie dès le début de l'action : il y a là des détails qui ne sont pas sans intérêt.

Heureux ceux qui n'ont point eu ce spectacle sous les yeux !

Nous habitons, mon frère et moi, une maison assez grande située à l'extrémité ouest et presque en dehors du village, du côté où commença, se continua et se termina le combat.

Dès que l'action fut engagée, le médecin militaire nous dit qu'il allait recevoir et panser chez nous les blessés qui ne tarderaient pas à lui arriver. Et en effet il en arriva bientôt.

Une serviette blanche au milieu de laquelle on se hâta de coudre en croix deux bandes rouges fut attachée au bout d'un bâton que mon frère alla clouer à sa lucarne : les balles lui sifflaient aux oreilles, brisaient les ardoises.... Le lendemain on s'aperçut qu'une balle avait traversé la vitre de la lucarne, une autre, la terrasse en zinc. C'étaient des balles perdues, je le sais bien ; elles n'en étaient pourtant pas moins dangereuses, si elles étaient arrivées quand il était là.

Nous eûmes des blessés moins de trois quarts d'heure après que le combat fut engagé. Les officiers du 43e avaient une voiture pour porter leurs malles. Le bataillon était à peine sorti du village pour marcher à l'ennemi, que la voiture filait sur Corbie emportant, avec les malles, la cantine du docteur, de telle sorte que, quand il envoya prendre ses instruments, tout avait disparu et qu'il se trouvait avec sa simple trousse de poche, sans instruments, sans diachylon, sans charpie, sans bandes, sans médicaments d'aucune sorte.

J'ai vu de près le combat, puisque la fusillade a retenti tout autour de nous pendant quatre heures ; c'est chose moins terrible que je ne croyais et que je préférerais au spectacle que m'a offert l'ambulance. Voir arriver de pauvres jeunes gens pâles comme la mort, tremblants, souillés de boue et de sang, les yeux éteints ; les déshabiller ; aider à extraire une balle, à aggrandir une plaie, à ouvrir des chairs saignantes ; étendre sur un lit ou sur une botte de paille des malheureux auxquels la souffrance arrache des cris de douleur, l'un dont le bras fracassé pend inerte et sanglant, l'autre dont il faut porter la jambe, un autre dont la tête vous retombe sur l'épaule ou sur un bras : ah ! c'est là, je le répète, quelque chose de plus affreux que le combat.

Les officiers sont plus fermes que les soldats. Ils nous en vint trois : MM. Lemaitre, Jouvainroux, et Lagrenée. Chez eux pas un cri, pas une plainte. Une seule chose les inquiétait ; ils ne faisaient qu'une seule question : « Eh bien ! Monsieur, sommes-nous vainqueurs ? » — « Tout va bien, leur répondions-nous ; soyez tranquilles. » Et un éclair de joie passait sur leur mâle figure contractée par la souffrance. Je me rappelle aussi un jeune soldat qui nous arriva des premiers : une balle lui avait

brisé le bras tout près de l'épaule. Etendu sur un
lit, perdant tout son sang, pâle et la voix affaiblie,
il me disait : « Ah! Monsieur, ces brigands de
Prussiens.... ils m'ont bien arrangé.... sont-ils
rossés au moins.... je n'ai pas de chance.... dire
que je n'ai pu tirer que deux coups. » C'était un
Jurassien des environs de Lons-le-Saulnier. Il a
eu l'épaule désarticulée ; l'opération a parfaitement
réussi : je l'ai gardé chez moi jusqu'au 7 mai. Il
est parti avec un bras de moins, mais complétement
guéri et rétabli : il s'appelait Brunet.

A mesure que les blessés arrivaient, le docteur,
après avoir examiné la blessure, se hâtait de faire
un premier pansement : ils venaient hélas ! trop
nombreux, épuisés par la fatigue, l'émotion, la
souffrance, la perte de leur sang. A défaut de bandes
et de compresses, je coupais et déchirais ce qui me
tombait sous la main, draps, serviettes. Aidé par
mon frère et un de nos cousins, réfugié chez moi
depuis trois mois, le docteur fouillait les plaies avec
le doigt et la sonde pour extraire les balles, appliquait
des compresses, débridait des plaies... Calme et
tranquille, du sang aux mains, sur ses habits,
partout, il était magnifique.

Bien des obus tombèrent autour de l'ambulance ;
pas un ne toucha la maison.

Il est probable que les Prussiens virent hisser le
drapeau pendant le combat.

Ils n'ont pas pour ceux qu'on place avant le combat
le même respect. « On en a abusé, me disait un
jour un officier prussien, et nous n'en tenons plus
compte. »

Un éclat d'obus passant à travers une fenêtre

brisa bien un verre sur la table de ma salle à man-
ger ; les balles perdues cassèrent mes vitres et l'une
d'elle après avoir traservé un carreau vint seloger dans
un mur de refend où elle est encore ; mais aucun
projectile n'atteignit ni les blessés, ni nous qui
allions et venions dans les chambres du midi pour
chercher de l'eau, du sucre, du rhum, du linge.

A sept heures du soir, nous pûmes prendre un
peu de nourriture et respirer.

Quarante blessés étaient étendus dans nos
chambres, d'autres faute de place, dans l'aire de la
grange ; ceux qui pouvaient rester debout ou assis
étaient dans la cuisine.

Tous avaient reçu les soins nécessaires.

Après avoir dîné, le docteur alla panser dans
deux ou trois maisons du village les blessés qui
s'y trouvaient, revint voir ceux de l'ambulance et
se jeta enfin sur son lit.

Il était dix heures.

Les Français étaient partis...

L'incendie brûlait toujours...

On attendait de minute en minute les Prussiens.

La nuit fut affreuse. Nous la passâmes sans
dormir, allant de temps en temps dans les chambres où on ne pouvait poser le pied sans toucher
un blessé, où l'odeur du sang vous soulevait le
cœur, tandis que le spectacle de tant de douleurs
brisait l'âme.

Aussitôt qu'il fit jour, je fis ramasser les morts :
les voitures rapportèrent vingt-quatre cadavres.
Presque tous avaient été frappés à la tête ou à la
poitrine. La voiture qui ramena le commandant
s'arrêta à ma porte. Roslin était encore ganté ; sa

mâle figure un peu souillée de terre jaunâtre restait presque souriante. Sa main n'avait pas abandonné l'épée : le bras droit était resté levé dans l'attitude du commandement et il semblait dire encore : « En avant. » Je le fis déposer dans l'église avec deux autres officiers ; les soldats furent placés près de là sous une porte cochère en attendant qu'on creusât leur fosse : j'aurai toute ma vie dans les yeux ces deux longues rangées de cadavres.....

Vers neuf heures une quinzaine de uhlans arrivèrent dans le village, se firent donner du vin, s'assurèrent que les Français étaient bien partis et disparurent au galop de leurs chevaux.

Une demi-heure après un médecin prussien venu à cheval, seul avec un gamin de quinze ans habillé en soldat et aussi à cheval, s'arrêtait à ma porte. C'était un homme maigre, grand, jeune encore, aux manières distinguées, fort poli et parlant assez bien le français. Il fut plus qu'étonné de voir dans quel dénuement de toutes sortes se trouvait le docteur français, lui promit de lui envoyer le lendemain d'Amiens, où il se rendait, ce dont il avait le plus besoin et tous deux se mirent, quelques instants après, à faire les pansements urgents. Ils débridèrent et fouillèrent certaines plaies, plâtrèrent une cuisse brisée, lattèrent quelques jambes et quelques bras, appliquèrent des compresses, que sais-je ? Ils soignèrent les blessures d'un engagé volontaire : le malheureux en avait trois, une au bras, une à la cuisse, l'autre, la plus grave, à la cheville du pied. Cette cheville, ainsi que le pied et le bas de la jambe, étaient énormément gonflés, le soulier plein de sang : il fallait pourtant retirer la guêtre et le soulier. On essaya ; mais on n'en put venir à bout qu'avec un sécateur.... Alors on lava le pied et la cheville recouverts d'une boue sanglante ; on reconnut la blessure qui fut explorée à la sonde pour retirer la balle... Pas un cri, pas une plainte. Le pauvre garçon riait, plaisantait. « Vous n'avez plus besoin de moi, » dit-il aux médecins quand le pansement fut fini. C'était un enfant du faubourg St-Antoine ; il n'avait pas vingt ans : il est mort trois semaines après. Le médecin prussien déjeûna avec nous ; M. Lagrené qui parlait très-bien l'allemand, put s'asseoir à la table. Le déjeûner était plus que modeste ; mais on causa beaucoup. Les deux docteurs avaient été à Metz ; ils parlèrent longtemps des forts, du siége, des batailles, des ambulances. Au dessert, le médecin prussien but à la paix : il fut fort étonné quand nous lui apprîmes que le 43me ne comptait, dans ses rangs, que 700 hommes : ce bataillon avait fait éprouver aux Prussiens des pertes énormes, en dehors de toutes les proportions ordinaires. « Savez-vous, docteur, lui dis-je avant son départ, ce que devrait faire le roi Guillaume ? Garder pour lui la gloire, il en a assez, et ne pas nous prendre l'Alsace et la Lorraine. » Le docteur sourit, mais ne répondit rien. C'était une idée fixe dans les têtes carrées des Allemands de nous enlever ces deux provinces.

Cependant le médecin français s'impatientait de se voir sans instruments avec douze ou quinze amputations à faire et autant d'autres opérations importantes. Je dépêchai un exprès à Villers-Bretonneux à un docteur de mes amis. Villers était encombré de blessés ; impossible d'avoir un couteau, une scie, une pince. Même réponse d'un autre docteur et du médecin militaire en chef lui-même. Il aurait fallu conduire à Villers, pour les amputer, des blessés qu'il était, au dire du docteur, absolument impossible de transporter. Il fallut encore attendre ce jour-là : rien ne vint ni de Villers, ni d'Amiens, ni de Boves où était une ambulance de l'Internationale ; personne ne put rien faire pour nos soixante-quatorze blessés de Cachy. On comptait, m'écrivait-on de Villers, sur le zèle et le dévouement dont je faisais preuve ; mais ni le zèle ni le dévouement ne sauraient suppléer au manque absolu d'instruments et de médicaments.

Le lendemain, au moment où, vers onze heures, je revenais de voir à quoi en était la grande fosse des morts, je vois venir sur un cheval blanc un jeune homme ayant au bras la croix de Genève.

A la vue du drapeau placé à la lucarne, il s'arrête. « Vous avez des blessés ici, Monsieur, me dit-il avec un accent anglais peu prononcé ? » — « Beaucoup, Monsieur » — « Avez-vous un médecin ? » — « Oui, Monsieur. » — « Je voudrais le voir et voir les blessés » — « Avec le plus grand plaisir. » Il se hâta de descendre, fut étonné de m'entendre lui adresser des questions en anglais, enchanté de pouvoir parler sa langue naturelle avec ma femme, mais, comme le docteur prussien, effrayé de voir notre dénuement de toutes choses. Il prit un verre de vin, un biscuit, alla voir les blessés et se hâta de remonter à cheval. « Je vais, dit-il au docteur, à Villers, puis à Amiens. Ce soir ou demain, dans la matinée au plus tard, vous recevrez ce dont vous avez besoin, je viendrai moi-même avec ma boîte d'instruments. » Et il tint parole. Le lendemain une voiture que le bon docteur Leslye accompagnait à cheval, s'arrêtait à ma porte ; l'Internationale anglaise, par les soins de madame Cork, nous envoyait de la charpie, du linge, des médicaments et nous avions enfin les instruments si désirés et si nécessaires.

A compter de ce moment-là, ce fut l'Internationale anglaise qui nous fournit, pendant près de deux mois, tout ce qui nous fut nécessaire en toute espèce de choses, charpie, bandes, médicaments, etc. Il suffisait de faire demander soit à Amiens, soit à Villers. On ne sera jamais assez reconnaissant aux Anglais des services qu'il ont rendus aux blessés français. Je dois aussi des remercîments à quelques personnes d'Amiens, surtout à madame Jules Lenoël, qui est venue ici avec son mari et son fils, par un temps affreux, apporter aux blessés des secours, des adoucissements et des paroles de consolation et d'encouragement. Je regrette beaucoup de ne pouvoir signaler une autre dame jeune encore et qui porte un nom noble que j'ai maladroitement oublié : elle es. bien connue par sa charité et son dévouement aux victimes de la guerre.

Une heure après l'arrivée du docteur Leslye, les opérations commencèrent.

L'amputation d'un membre est quelque chose d'effroyable, et on ne saurait, sans l'avoir vu, s'en former une idée.

Qu'on se figure une grande table couverte d'un matelas relevé à une extrémité, tout près une petite table où sont disposés et étalés avec ordre une foule d'instruments de chirurgie : pinces, aiguilles, scies, couteaux.

L'éclat de l'acier vous donne tout d'abord le frisson.

Dans une chambre voisine est étendu, sur un matelas, un pauvre jeune homme, pâle, amaigri par la souffrance, anxieux, jetant sur vous des regards qui vous tirent parfois les larmes des yeux. On lui administre du chloroforme ; peu à peu il s'endort et on le place sur le matelas de la grande table. Il ne voit rien, n'entend rien, ne comprend rien. Sa respiration est forte, un peu gênée : il rêve... Parfois il rit, parfois aussi il pleure, fait entendre des sons rauques, des mots inarticulés. J'en ai entendu un qui, pendant qu'on lui taillait les chairs, chantait un vieux refrain dans le patois de son pays : ce chant me brisait l'âme.

Cependant tout est prêt. Un homme reste à la tête du blessé, un autre lui contient les bras, deux autres les jambes : quelqu'un est là pour donner à l'opérateur ce qu'il demande.

J'oubliais le baquet pour recevoir le sang....

O mère ! lève-toi la nuit pour allaiter ton premier né qui pleure ; entoure-le de soins dans son enfance et élève-le bien jusqu'à vingt ans... Une balle lui brisera la cuisse ; on taillera la chair de ta chair ; les os de tes os ; le sang de ton fils coulera dans le hideux baquet....

Maudite soit la guerre !

Et maudits en soient les auteurs !

L'opérateur examine la blessure, palpe le membre le saisit, enfonce le couteau, coupe, tranche, recoupe sans s'inquiéter du sang qui lui saute à la figure, sur les habits et lui rougit les mains. Les chairs chaudes palpitent ; on les éponge avec de l'eau tiéde ; on cherche les artères, on les lie ; la scie grince sur l'os, le membre tombe.... La plaie est nettoyée, débarrassée des lambeaux inutiles ; on rapproche les peaux, on les coud ensemble et le mognon est fait.

L'opération ne va pas aussi vite que je viens de le dire : elle dure, en moyenne, une bonne demi-heure, parfois bien plus longtemps. Pendant qu'il la fait, le médecin ne voit rien, n'entend rien ; il est penché sur le patient et ne se relève que quand tout est fini. Alors il respire, regarde le mognon avec satisfaction, quand il est bien réussi, et, ce qui est un sentiment bien naturel pour un homme d'art, le trouve beau, charmant....

Moi, j'ai toujours trouvé un mognon une chose affreuse.

Tel est le spectacle que nous eûmes pendant plusieurs jours sous les yeux, apportant les blessés sur la table, tenant des bras, des jambes, parfois le baquet, présentant des ligatures, le couteau, la scie. On se fait à ces horreurs : un de mes neveux, qui n'avait pas quinze ans, restait là et nous aidait.... Tantôt c'était une jambe ou une cuisse à couper, tantôt un bras, tantôt un pied ou une épaule à désarticuler : toujours du sang par terre, du sang sur le mur, sur nos mains, dans le baquet... Ma femme elle-même fut obligée d'assister à l'ablation d'une cuisse. L'opération était difficile et fut fort longue : il lui fallut rester là pour traduire en anglais au docteur anglais, qui la faisait, ce que lui disait le docteur français. M. le curé de Gentelles, qui venait voir tous les jours les blessés, assistait aussi à cette opération.

Le docteur avait fait sur Boves une première
évacuation des blessés qui pouvaient être transpor-
tés ou marcher, puis une seconde deux jours après
pour ne garder que ceux qu'il lui avait été absolument impossible de faire transporter. Sur son
ordre, je commandai des lits en planches brutes
jointes à clous ; je distribuai aux femmes du village
des toiles de tente, leur donnant trois heures pour
me les rapporter converties en traversins et pail-
lasses remplis de paille. Nos chambres furent débar-
rassées de la paille sur laquelle gisaient depuis
plusieurs jours nos malheureux blessés ; on lava le
sang qui souillait les parquets et dont les traces
noirâtres n'ont pu toutes disparaître encore. Le
docteur établit une petite ambulance dans le village,
dans la crainte de voir surgir chez nous la fièvre
putride, et bientôt nos blessés, passablement cou-
chés dans des chambres élevées et pourvues de
cheminées, se trouvèrent dans toutes les conditions
de propreté et de salubrité désirables.

Dès lors il ne leur fallut plus que des soins : les
personnes qui ont visité l'ambulance savent bien
qu'ils ne leur ont pas manqué.

Hélas ! les soins ne les sauvèrent pas tous de la
mort.

Deux moururent à la petite ambulance, deux
chez moi et huit chez mon frère. Ils reposent à côté
de vingt-quatre de leurs camarades tués sur le
champ de bataille, sous un grand arbre, à l'ouest
et à deux cents mètres du village, du coté de
Gentelles. Les officiers, ayant chacun leur fosse
séparée, se trouvent à la pointe du petit terrain
qu'entoure une simple haie sèche : il y en a quatre.

Derrière eux est la fosse commune qui contient vingt-quatre Français et quatre Prussiens : ce sont ceux qui ont été ramassés sur le champ de bataille ; les morts de l'ambulance, au nombre de douze, se trouvent au nord et au levant de ce petit cimetière : leurs noms sont les derniers portés sur la liste des morts qu'on trouvera plus loin.

Quelques croix de bois surmontent les tombes.

J'ai lieu d'espérer qu'une grille en fer entourera bientôt ce terrain et que nous pourrons y élever un modeste monument qui rappellera le glorieux combat de Cachy, le courage du 43e de ligne et les noms des officiers, sous-officiers et soldats morts ici pour la Patrie (1).

VI.

Le 27 juin dernier, un père de famille, notre concitoyen, M. de Bonijol (de Franleu), est venu faire célébrer pour son fils unique, mort ici des suites de sa blessure, et pour tous ses camarades du 43me de ligne, un service auquel ont assisté presque tous les habitants du village. Après la messe, l'absoute a été dite sur la tombe des morts d'où la vue embrasse tout le champ de bataille. Cette cérémonie, dans sa simplicité, avait quelque chose de grandiose : autour de nous, une vaste campagne ; au-dessus de

---

(1) Dans la notice intitulée *Souvenirs de Villers-Bretonneux* (compte-rendu de M. l'abbé Corblet). le 43e est porté comme ayant combattu sur le territoire de cette commune. Le 43e est bien resté cantonné à Villers cinq ou six jours ; mais le 29, jour de la bataille, il a combattu ici **et non à Villers.**

nos têtes, le ciel ; à nos pieds, nos chers morts...

Aucun apparat, rien d'officiel ne troublait le recueillement des assistants.

L'un d'eux — celui qui écrit ces lignes — prononça les quelques paroles qui suivent :

« Après la voix de la religion, celle de la patrie ;
» après les prières du prêtre, la parole du citoyen.

» Deux mots donc, Messieurs, avant de quitter
» ces tombes : deux mots d'adieu et de souvenir.

» Il y a aujourd'hui sept mois, presque à pareille
» heure, dans cette plaine qui s'étend riante sous
» nos yeux, la guerre amenait ses désastres, la dé-
» vastation, la mort.

» De ce côté, l'ennemi ; là, la France représen-
» tée par sept cents soldats conduits par un hé-
» roïque échappé de Metz... Il repose ici sous six
» pieds de terre... Salut à toi, brave Roslin.

» J'ai vu ces jeunes gens partir au combat : ils
» allaient, les uns calmes, pensant sans doute à la
» Patrie, mais un peu aussi à leur mère, à leur
» père ; les autres pleins d'enthousiasme...

» Hélas ! ils ne revinrent pas tous ; car la guerre
» donna, comme toujours, son horrible moisson :
» des cadavres.

» Beaucoup d'entre eux tombèrent sur le champ
» de bataille ; d'autres devaient mourir des suites
» de leurs blessures. Ils sont là tous, officiers,
» sous-officiers et soldats, reposant dans la seule
» égalité que je connaisse ici-bas : celle que fait la
» mort.

» La religion leur a accordé ses prières ; elle a don-
» né aussi à cet infortuné père qui a voulu y faire
» participer les camarades de son fils, les seules con-

» solations qui puissent adoucir son malheur. Au
» nom des parents dont les enfants reposent à côté
» du sien, je lui dis : Merci pour les morts, merci
» pour leurs pères, pour leurs mères, pour tous
» ceux à qui ils furent chers ici-bas.

» Quant à moi qui ai conduit à leur dernière de-
» meure ceux qui sont tombés sur le champ de
» bataille (1) et reçu le dernier soupir de ceux qui
» n'y ont survécu que pour mourir des suites de
» leurs glorieuses mais cruelles blessures, je dis à
» ces braves : Merci, mes amis ; vous avez noble-
» ment rempli l'austère loi du devoir et du dévoue-
» ment ; car vous avez été courageux jusqu'à la
» mort. Merci pour la Patrie, pour cette Patrie
» aujourd'hui humiliée, mais toujours chère aux
» hommes de cœur. Merci aussi pour nous tous
» habitants d'un village que vous avez, ce jour-là,
» sauvé de l'invasion, du meurtre et du pillage :
» nous ne vous oublierons pas.

» Reposez comme repose la France : dans l'es-
» poir de la résurrection.

» Adieu. »

VII.

Tous les ans, le 27 novembre, jour anniversaire
du combat de Cachy, aura lieu un service religieux
pour les morts du 43ᵐᵉ de ligne.

---

(1) L'enterrement se fit à la nuit tombante : c'était quelque
chose de navrant. En avant, la croix et le prêtre; derrière
lui, les deux charrettes portant les cercueils des officiers: dans
la grande tombe, des cadavres.... Autour, le docteur, un
officier blessé (M. Lagrenée), quatre ou cinq soldats, blessés
aussi, mon frère, mes deux neveux, un voisin et moi.....

J'espère que, pour le 27 novembre prochain, nos
morts auront leurs monuments, et, qu'en allant déposer des couronnes sur leurs tombes, on pourra
lire sur une plaque de marbre noir le nom de ceux
qui dorment là le sommeil éternel. (1)

VIII.

Le lendemain du combat, deux membres du
Conseil municipal ont examiné les morts et pris sur
eux tous les renseignements (livrets, lettres, calo-
pins), qui pouvaient faire reconnaître leur identité.

Je reproduis ici cette liste qui a été envoyée au
gouvernement il y a trois mois et publiée dans la
Somme le 21 mai : elle peut encore avoir son utilité
pour certaines familles, par suite des renseignements qu'elle contient.

Elle est, du reste, pour ces *Souvenirs du Combat
de Cachy*, un complément naturel et nécessaire.

BONNET Adolphe (des Ardennes).
GUÉRIN Jean, de Romanèche (Saône-et-Loire).
ST-AUBERT (du Nord). J'ai deux lettres, une datée de
Louvignies (4 novembre) et une de Chaulnes (20 novembre)
adressées à son frère.
ALVÉDIN (du Nord).
HERBIN, sous-lieutenant. Son père habite Tournay.
UN INCONNU. Une lettre de M. Morié à Bordeaux avec
quelques mots de M. Fournier aussi à Bordeaux.

(1) Les personnes, parents des morts ou autres, qui vou-
draient contribuer aux frais de l'érection du monument,
peuvent m'adresser leur offrande : elle sera ajoutée à l'argent
qu'ont ramassé dans ce but les jeunes gens du village et à un
don très-important qui nous a été promis et qui ne peut nous
manquer.

Bouché. Une lettre de son père, daté du Hâvre (30 septembre).

Un Inconnu. Pas même de numéro matricule.

Rochette, sergent (de la Creuse). Une lettre de M. Coserat, d'Amiens (qui est venu visiter sa tombe).

Un Inconnu. 2. 5799. 6137.

Roslin, chef de bataillon, d'Ecouen (Seine-et-Oise).

Blain, sous-lieutenant (du Nord).

Un Caporal inconnu. 6153.

Deneuville, de Frise (près Péronne).

Un Inconnu. Un porte-monnaie, pas de numéro matricule.

Un Inconnu. Pas de numéro matricule. Une adresse à M. Lelièvre, rue du Petit-St-Jean, n° 9, à Amiens.

Un Inconnu. 7155.

Un Inconnu. 1722.

Un Inconnu. 3307.

Bienvenu, Mathurin. Son livret.

Greux, Arthur, caporal, d'Aubeville, 77, Chaussée-Marcadé.

Philippin. De Moiliens-Vidame (Somme).

Ringart. Un livret. Je le crois de la Somme. On a trouvé sur lui un reçu de 5 francs pour 12 portraits. Ce reçu est du 16 novembre, Passage du Commerce, à Amiens.

Un Inconnu. J'ai une lettre au crayon datée d'Essertaux (22 novembre), signée Lucien Duve... (Les dernières lettres sont illisibles).

Dans les inconnus se trouve Grintelle, tué d'un éclat d'obus au milieu du village. On m'a remis, après l'enterrement des morts, une lettre provenant de lui et que lui avait adressée (16 septembre) M. Porcherot, sergent au 61e bataillon de la garde nationale de la Seine.

Vérecques (du Nord).

Gérard (du Nord).

Venet (du Nord).

Leblanc, caporal (du Pas-de-Calais).

Jouvainroux, sous-lieutenant (de la Gironde).

Servant (des Deux-Sèvres).

Gauvelet (de Paris).

Plouvier (du Nord).

HOUVAIN, de Beauquesne (Somme).
DE BONIJOL, sergent, de Franleu (Somme).
FAYART (de Paris).
VERDIÈRE (du Havre).

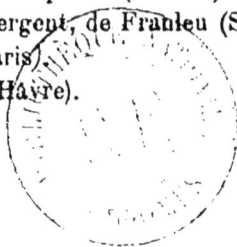

Amiens. — Typ. et Lith. Magnier, 25, rue de Metz (2587)

BATAILLE SOUS AMIENS.

(27 Novembre 1870)

Plan dressé pour l'intelligence du Combat de Cachy, (près Villers-Bretonneux.)

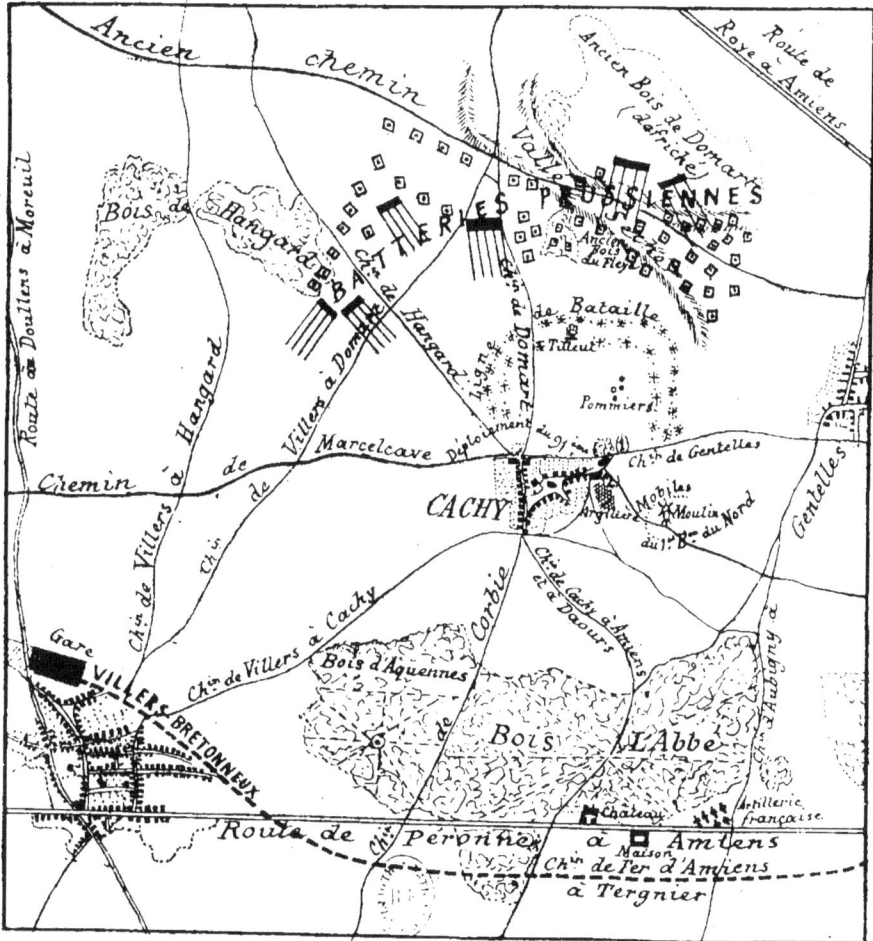

Ancien chemin

Route de Roye à Amiens

Ancien Bois de Domart (Jachère)

Vallée PRUSSIENNES

Route de Doullens à Moreuil

Bois de Hangard

BATTERIES PRUSS.

Ch. de Hangard

Ancien Bois du Fley

de Bataille

Tilleul

Ch. de Villers à Dormart

Bois de Domart

Pommiers

Ligne de déploiement du 91

Chemin de Villers à Hangard

de Villers à Marcelcave

Déploiement du 91

Ch. de Gentelles

CACHY

Artillerie

Mobiles Moulin du Nord

du 1er B. du Nord

Gentelles

Ch. de Villers à Cachy

de Corbie

Ch. de Cachy à Amiens et à Daours

Gare

Bois d'Aquennes

VILLERS-BRETONNEUX

Bois L'Abbé

Château

Artillerie française

Route de Ch. Péronne à Amiens

Maison

Ch. de Fer d'Amiens à Tergnier

Echelle de 1 à 40,000.

(1) *Sycomore abritant les tombes des morts.*

(2) · *Ambulance.*

▫ *Infanterie Prussienne.*

228

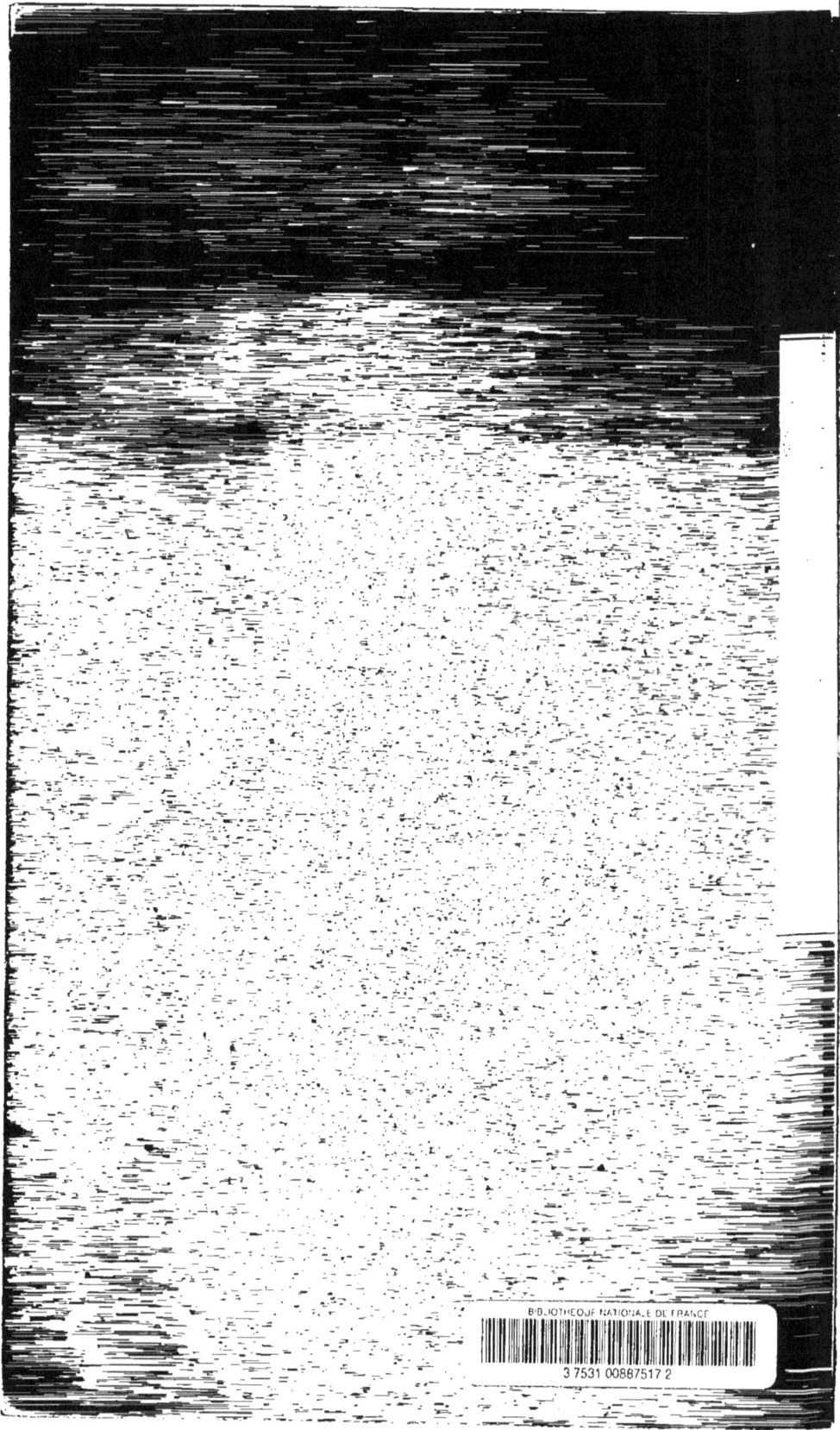

www.ingramcontent.com/pod-product-compliance
Lightning Source LLC
Chambersburg PA
CBHW060740280326
41934CB00010B/2295